Stanislas de Guaita

LA VENGEANCE DES TEMPLIERS

Copyright © 2020 Stanislas de Gaïta (domaine public)
Première édition : 1922
Édition : BoD – Books on Demand, 12/14 rond-point des Champs-Élysées, 75008 Paris.
Impression : BoD - Books on Demand, Norderstedt, Allemagne.
ISBN : 9782322255009
Dépôt légal : octobre 2020
Tous droits réservés

Nous sommes au commencement du XIVe siècle : l'Ordre moitié religieux, moitié militaire, établi en Orient vers 1118 par Hugues des Payens, a prodigieusement prospéré. Les Templiers possèdent en Europe près de dix mille seigneuries, et leur opulence, devenue proverbiale, centralise dans leurs mains une puissance presque illimitée.

D'autre part, quoiqu'ils affectent de s'incliner avec respect devant les deux autorités civile et religieuse, on leur prête les projets d'une ambition qui confine à la folie. Héritiers — ils s'en flattent du moins — de cette tradition johannite [18] qui constitue la moelle

---

[18] À ceux qui douteraient de cette assertion, je demanderai de faire un examen attentif du livre curieux et rare publié en 1831 sous ce titre : *Levitikon, ou exposé des principes fondamentaux des chrétiens-catholiques primitifs*. Paris, in-8. Dans cet ouvrage, outre le résumé d'un dogme pseudo-johannite, on trouve une version, dite authentique, de l'Évangile selon saint Jean, seul adopté par cette Église, et la liste des pontifes johannites depuis le Christ et saint Jean jusqu'à nos jours, en passant par tous les Grands Maîtres du Temple. Que les pseudo-johannites du xixe siècle soient, comme le prétend Cla-

ésotérique du Christianisme, ils accomplissent, dans l'ombre et le silence de leurs Commanderies, des rites étranges et secrets... Bref, la voix populaire, qui les incrimine de sorcellerie, dénonce également leurs mœurs comme infâmes. Cette dernière accusation ne fut jamais établie sur de bien irréfutables preuves ; mais si les apologistes de l'Ordre ont pu revendiquer équitablement, en faveur des Templiers, le bénéfice du doute, jamais, du moins, n'ont-ils pu les réhabiliter au grand jour de la controverse historique, en lavant leur mémoire de tout soupçon.

Jules Garinet résume ainsi les griefs portés à la charge des Templiers : « On disait qu'à la réception dans l'Ordre, on conduisait le récipiendaire dans une chambre obscure, où il reniait Jésus-Christ en crachant trois fois sur le crucifix ; que celui qui était reçu baisait celui qui le recevait à la bouche, ensuite *in fine spine doïsi et in virga virili* ; que les Templiers, dans leurs chapitres généraux, adoraient une tête de bois doré qui avait une longue barbe, des moustaches touffues et pendantes ; à la place des yeux brillaient deux grosses escarboucles étincelantes comme le feu[19]. On

---

vel (*Histoire pittoresque de la Franc-Maçonnerie*, 1884, grand in-8°, figures), des mystificateurs qui ont prétendu rallumer une flamme éteinte et faire revivre un culte mort, c'est ce que je ne veux point débattre ; ce qui me semble certain, d'après l'examen consciencieux de cet ouvrage, c'est que ce culte a existé réellement dans le passé, à l'état ésotérique et latent. On peut consulter encore le *Manuel des Chevaliers du Temple*, Paris, 1825, in-12.

[19] « ...Chaque chapitre, dit Henri Martin, en possédait une image : c'était une tête humaine à longue barbe blanche, ayant, *en la place des yeux, escarboucles reluisantes comme la clarté du*

les accusait encore de faire vœu de sodomie, et de ne rien se refuser entre eux...

« En Languedoc, trois Commandeurs de l'Ordre, mis la torture, avouèrent qu'ils avaient assisté à plusieurs chapitres de l'Ordre ; que dans l'un de ces chapitres, tenu à Montpellier, et de nuit, suivant l'usage, on avait exposé *une tête* ; qu'aussitôt le diable était apparu sous la figure d'un chat ; qu'on avait adoré ce chat, qui parlait avec bonté aux uns et aux autres ; qu'ensuite plusieurs démons étaient venus, sous forme de femmes, et que chaque frère avait eu la sienne [20]. »

Quoi qu'on puisse penser de ces stupéfiantes accusations, qui valurent à tant de braves Chevaliers les affres du bûcher, il nous est impossible de ne pas noter, en passant, quelle ressemblance, sinon quelle absolue identité, assimile de pareilles scènes (qu'on les veuille réelles ou mensongères) au sabbat des sorciers d'une part, et de l'autre à ces réunions orgiaques et mystiques tout ensemble, qui furent imputées de tout temps aux sectaires de la gnose dissidente, par les auteurs contemporains qui traitent de leurs rites et de leurs mystères.

Le marquis de Saint-Yves, dans un livre remarquable à tant d'égards, glorifie ce qu'il appelle *La Mis-*

---

ciel, avec un crâne humain et une peau humaine : certaines de ces idoles étaient à trois faces et montées sur quatre pieds ; on en avait saisi une au Temple de Paris. » (Henri Martin, *Histoire de France*, t. IV, p. 473.)

[20] *Histoire de la Magie en France*, pp. 78-79. (La pagination fait référence à d'anciennes parutions, pas toujours citées, comme c'est le cas ici. Nous laissons la note d'origine inchangée. NDE)

sion des Templiers. En eux, il salue les orthodoxes de l'ésotérisme traditionnel, les mandataires de la paix sociale, les fondateurs et les inspirateurs de ces États généraux — véritable ébauche de synarchie— qui furent, au long de notre histoire, l'organe intrépide et modéré des revendications populaires, et comme une grande voix, ferme et respectueuse, sortie des entrailles mêmes de la nation.

S'il en est ainsi, les États généraux de Tours (mai 1308) se montrèrent parricides en reniant le Temple, et en abandonnant les Templiers à la fureur de leurs bourreaux. Du reste, avec sa loyauté coutumière, M. de Saint-Yves proclame lui-même ce fait irrécusable, qui sera pour les superficiels une des pierres d'achoppement de son hypothèse : « L'unanimité des Trois Ordres tendit à Philippe le Bel le fer et le feu…, » lit-on à la page 216 de *la France vraie*[21] (tome I).

Cela n'importe guère. Il n'est pas sans exemple de voir le fils suivre les traditions du père, après l'avoir condamné ; l'ouvrier revivre dans son œuvre, après être mort par elle. Et sans aller si loin, saint Pierre, qui renia trois fois son maître Jésus-Christ, n'en fut pas moins le premier chef de l'Église chrétienne. Aussi n'est-ce point de pareils arguments que nous opposerons à l'illustre apôtre des Missions.

Si noble que soit la thèse qu'il soutient, nous voudrions, pour qu'elle fût acceptable, la voir fondée en histoire sur quelque fait avéré. Sans aborder la discussion sur ce terrain, nous allons dire pourquoi, sur

---

[21] *La France vraie, Mission des Français,* Paris, 1887, 2 v. in-18.

celui de la métaphysique pure, cette thèse nous paraît au moins hasardeuse.

Les Chevaliers étaient dépositaires d'une doctrine sociale et religieuse. C'est historiquement certain. Reste à savoir de laquelle.

Que le Temple possédât la tradition orthodoxe, voilà qui n'est guère soutenable. Cet Ordre fameux reste dogmatiquement entaché de manichéisme. Mignard notamment a rapproché des preuves accablantes à l'appui de cette opinion. Les figures emblématiques sculptées en relief sur le coffret de pierre d'Essarois, pièce à conviction[22] (entre mille) qu'il détaille avec une compétence et une sagacité parfaites, ne sont de nature à laisser aucun doute. Le caractère de mysticisme obscène qui est le propre de ces symboles dyarchistes semble même d'une précision assez typique, pour servir de trait d'union, dans l'espèce, entre les deux grands griefs stipulés contre les Templiers : la goëtie manichéenne et le vice impur.

Ne retenons que le manichéisme à la charge des Templiers. C'est plus qu'il n'en faut pour réfuter l'attribution qui leur est faite d'une doctrine traditionnelle de syncrèse tri-unitaire, mathétique, ou (comme l'appelle excellemment M. de Saint-Yves) d'une tradition synarchique.

L'antagonisme primordial, absolu, de deux principes incompatibles, telle est l'essence du dogme

---

[22] Suite de la monographie du coffret du duc de Blacas, ou *Preuves du Manichéisme dans l'Ordre du Temple*, par Mignard. Paris, 1853, grand in-4, figures.

manichéen ; elle exclut le Ternaire synarchique et la Monade dont émane ce Ternaire.

Le manichéisme est la négation radicale du principe de retour à l'Unité. Allez édifier une synthèse sur une pareille base ! Projet chimérique : autant vouloir restaurer Babel...

Les Templiers, nous l'avons dit, ne passaient pas pour de simples hérétiques.

À part l'imputation de manichéisme — exclusive, selon nous, de l'attribution que leur fait généreusement M. de Saint-Yves de sa propre doctrine, — on incriminait encore les chevaliers de magie noire et de sodomie.

C'étaient crimes capitaux dans la jurisprudence du moyen âge. Si graves d'ailleurs qu'ils semblassent aux juges du XIVe siècle, ils ne furent qu'un trompe l'œil invoqué, une excuse au coup d'État de 1307. Il faut bien le dire. Quelle excellente occasion pour le roi de France et pour le pape, sa créature, d'abolir d'un coup la puissance de ces superbes défenseurs du trône et de l'autel, mille fois plus dangereux que les pires ennemis, et quel prétexte tout naturel de se partager leurs prodigieuses dépouilles !

De longue main déjà, le successeur de Pierre et l'héritier de Hugues Capet avaient préparé ce coup de maître[23] ; on n'attendait que l'heure propice pour agir de concert...

---

[23] Ce fut grâce à la protection de Philippe le Bel, que Bertrand de Goth, archevêque de Bordeaux en 1300, parvint l'an 1305 au trône pontifical, sous le nom de Clément V. Pour acheter la complaisance du monarque, le futur pape avait dû souscrire

Cette heure enfin sonna. Plusieurs dénonciations formelles, celles entre autres de deux Templiers apostats, permettaient de sévir à l'improviste et d'envelopper tous les Chevaliers dans un même réseau. Le filet fut jeté dans la nuit du 12 au 13 novembre 1307, où tous les gouverneurs et officiers du roi reçurent, sous pli scellé, l'ordre fatal.

Dès le matin, les Templiers sont arrêtés par toute la France et leurs biens mis sous séquestre. — À Paris, cent quarante chevaliers sont dans les fers ; on procède contre eux avec une rigueur insolite. Jamais la question ne fut plus cruellement infligée. Le R. F. Imbert, inquisiteur de la foi, dirige les interrogatoires, assisté de commissaires nommés par le roi. A leur tête figure Guillaume de Nogaret, homme colérique et dont le fanatisme touche au délire.

En province, l'inquisiteur subdélègue des commissaires ecclésiastiques, et les interrogatoires commencent.

De toutes les procédures intentées à ces malheureux, il ne nous reste que huit relations authentiques : celles de Caen (où 13 Templiers sont dans les fers) ; de Pont de l'Arche (10 Templiers) ; de Cahors (7 Templiers) ; de Carcassonne (6 Templiers) ; de Beaucaire

---

par serment à six conditions formelles, dont la dernière, tenue secrète, le liait à poursuivre la destruction des Templiers et jusqu'à l'abolition de l'Ordre. C'est dire que les protestations de Clément V, si molles, si évidemment faites pour la forme et pour l'édification de la galerie, ne furent de sa part qu'une comédie odieuse. On le vit bien à l'empressement qu'il mit ensuite à tout ratifier après un semblant d'enquête, à Poitiers

(45 Templiers); de Troyes (5 Templiers); de Bayeux (5 Templiers); et enfin de Bigorre (11 Templiers).

À Caen, l'on promet aux accusés grâce entière; néanmoins, les réfractaires souffrent la torture.

Tandis que l'affaire s'instruit dans ses états, Philippe le Bel invite les autres potentats de l'Europe à l'imiter dans ses rigueurs.

L'Allemagne ne se hâte point de répondre à son appel; mais la Sicile, l'Italie, la Castille, l'Angleterre, l'Aragon suivent l'exemple de la France[24]. En Flandres on déploie une rigueur moindre. À Chypre, la puissance de l'Ordre rend la tâche des persécuteurs ardue et délicate: Amaury, régent du royaume pour le jeune Hugues IV, se voit forcé de surseoir à la répression, devant l'attitude menaçante des Chevaliers fortifiés dans Nimove.

Le procès traîne partout en longueur, dans des alternatives d'aveux et de rétractations: les greffiers ont altéré plusieurs dépositions, d'où de longs débats sans issue.

Cependant, sous la pression du roi de France qui lui rappelle ses engagements, le pape lance bulle

---

[24] Nous ne parlons, pour l'instant, que de l'arrestation et des procédures; car, en plusieurs points, celles-ci aboutirent à un acquittement des Chevaliers, comme à Ravenne, à Mayence, à Salamanque (1310). Quoi qu'il en fut d'ailleurs de ces sentences individuelles, l'Ordre, aboli par le Concile de 1311, ne subsista nulle part, du moins ouvertement et sous son vrai nom. En Portugal, l'Ordre du Christ s'éleva sur ses débris. En Aragon, les Templiers avaient fièrement organisé la résistance à main armée, non sans succès.

sur bulle pour accélérer la marche des choses ; il en fulmine coup sur coup jusqu'à sept (1308). De nouvelles procédures confiées aux évêques ne donnent point de résultats meilleurs. On réunit des conciles provinciaux.

Mais il est impossible de préciser tous ces détails.

Bref, le pape Clément V rend, en 1310, une dernière bulle, pour ordonner le jugement définitif des Templiers. Un petit nombre a nié ; d'autres ont avoué ; plusieurs, comme je l'ai dit, ont rétracté leurs aveux. Les conciles de Sens et de Reims font des accusés quatre catégories : les uns (classes 1, 2, 3), repentants et réconciliés à l'Église, en sont quittes pour une pénitence ecclésiastique ou pour la prison perpétuelle ; on livre les autres (4ᵉ classe), déclarés relaps, au bras séculier, et les exécutions commencent.

Le 10 mai 1311, en face de l'abbaye Saint-Antoine, on brûle tout vif un premier condamné, dans l'espoir d'intimider les autres qui s'étaient rétractés et de les réduire à la lettre de leurs premiers aveux. Mais ils sont inébranlables.

Huit jours après, cinquante-quatre de ceux-là montent sur des bûchers construits sur le même emplacement. Cette exécution, ralentie à plaisir, pour que la mort vienne plus lente et plus atroce, fait éclater la constance et la haute bravoure de ces martyrs, qui prennent le ciel à témoin qu'ils meurent innocents. Les jours d'après, on brûle encore en deux fois quinze Templiers, qui refusent de se dire coupables.

En Provence et au Piémont, s'étaient succédées plusieurs exécutions pareilles.

Cependant le grand maître, Jacques de Molay, languissait encore dans les fers avec ses grands prieurs ; il ne monte sur l'échafaud que le 18 mars 1313[25], en compagnie du Prince-Dauphin qui l'a suivi dans la rétractation solennelle de ses premiers aveux. Tous deux sont brûlés à très petit feu, dans l'île située entre les jardins du roi et les Augustins, au lieu précis où se dresse aujourd'hui la statue équestre de Henri IV, sur le terre-plein du Pont-Neuf. Le lendemain le Chevalier Aumont et sept Templiers, déguisés en maçons, recueillent pieusement les cendres du bûcher. L'Ordre des *Francs-Maçons* a pris naissance.

Dès septembre 1311, le Concile de Vienne, où l'on vit siéger plus de trois cents prélats, avait aboli l'Ordre du Temple : les biens immenses de la communauté, passant aux Chevaliers de Saint-Jean de Jérusalem récemment établis à Rhodes, ne devaient profiter que d'une sorte indirecte[26] à l'inique héritier d'Hugues Capet. Plus ouvertement heureux, les monarques

---

[25] Nombre d'auteurs, notamment Henri Martin (*Histoire de France*, tome IV, page 503), Bouillet, dans son *Dictionnaire d'Histoire et de Géographie*, et Collin de Plancy, dans son *Dictionnaire Infernal*, donnent une date différente : 18 mars 1314. Nous allons voir que les traditions maçonniques disent de même. Cette apparente contradiction n'a d'autre cause que le remaniement apporté au Calendrier sous Charles IX, par l'édit de Roussillon (1564). L'année qui ne commençait qu'à Pâques remonta jusqu'au 1er janvier. Le supplice de Jacques Molay se trouva donc à la date de 1313 ou de 1314 selon le système qu'on adoptait : l'ancien ou le nouveau.

[26] Frais de mutation, impôts, amendes et redevances de toute nature, — confiscation à peine déguisée.

espagnols réussirent à se faire attribuer tous les biens que les Templiers possédaient dans leurs États.

Quelque réserve que nous ayons apportée dans la qualification des crimes qui furent imputés à ceux-ci, nous ne pouvons éluder une dernière question, qui touche de trop près à l'objet de ce livre : *les Templiers étaient-ils des sorciers ?* Il s'agit de bien s'entendre sur les mots. Le lecteur nous pardonnera-t-il d'ouvrir une parenthèse ?

C'est une règle de prudence, de se méfier toujours des catégories trop tranchées et des étiquettes trop exclusives...

Un occultiste de nos jours a condensé, dans une double et excellente formule, la définition distinctive des hiérophantes de la Lumière et de la Nuit : « Le magicien dispose d'une force qu'il connaît ; le sorcier s'efforce d'abuser de ce qu'il ignore. *Le Diable* (s'il est permis dans un livre de science d'employer ce mot décrié et vulgaire), *le Diable se donne au magicien et le sorcier se donne au Diable*[27].

Voilà qui s'appelle pris sur le vif. Il est supérieurement crayonné là, le Janus de l'occultisme, dans l'antithèse de sa double nature : de ces deux faces, l'une sourit, empreinte d'une autorité sereine et douce ; l'autre grimace, flétrie des stigmates jumeaux de l'impuissance finale et de l'envie. Tout semble indiqué dans chacun par effet de repoussoir : ce qu'il *est*, ce qu'il *sait*, ce qu'il *veut*, ce qu'il *peut*, ce qu'il *ose*.

Mais, si judicieuses qu'on les veuille supposer,

---

[27] Éliphas Lévi, *Dogme*, page 117.

ces sortes de formules absolues restent entachées d'un vice rédhibitoire : les meilleures d'entre elles, énonçant l'*universel* qui est la règle, non seulement négligent, mais démentent le *particulier* qui est l'exception.

C'est là l'écueil où se viennent heurter tous les généralisateurs, entêtés de sentences laconiques : pour avoir navigué dans leurs eaux, Éliphas Lévi n'a pas pu éviter le récif où tous finissent par chavirer.

Celui qui s'est donné au Diable, objectera-t-on à Éliphas, peut se ressaisir, ne fût-ce qu'une minute. Le Diable, esclave d'un mortel, peut aussi reprendre un instant ses droits et dominer pour une fois son dominateur de tous les jours. Cela s'est vu.

N'en déplaise aux infaillibles colleurs d'étiquettes indélébiles ; dussent se récrier les intraitables décerneurs de qualifications définitives : rien n'est *absolument* détestable ou parfait, en ce monde relatif et sublunaire. — Le Sage, tout comme un autre, peut pécher par erreur ou par malice [28], et s'il a mérité le nom de Sage, c'est que chez lui le mal est l'exception. — Ainsi du méchant : un sentiment généreux peut fleurir parfois au cœur du plus criminel, et si l'on a raison de dire cet homme mauvais, c'est que les bonnes pensées sont chez lui l'exception.

Précisons : le sorcier qui, d'aventure, ayant acquis l'intelligence d'une loi, l'applique au bien, fait œuvre de mage. — De même que le mage, coupable, fût-ce

---

[28] Le plus saint, dit l'Écriture, pèche sept fois le jour.

une fois, de prostituer la science au mal, fait évidemment œuvre de sorcier.

Voilà qui détruit ces catégories si commodes, ces magistrales divisions si chères à vos cervelles à tiroir, innombrables Joseph Prud'homme de la psychologie et de la morale !...

C'est assurément très fâcheux. Mais les quelques principes ci-dessus vont trouver leur justification dans un exemple peu connu, dont nul ne contestera sans doute la portée capitale et décisive.

Au cours d'un chapitre intitulé la *Justice des Hommes*, cet exemple est doublement à sa place ; car, après avoir vu à l'œuvre les tribunaux du fanatisme, accumulant des hécatombes de sorciers du plus bas étage, pêle-mêle avec d'innocentes victimes, nous allons voir des initiés de haut grade se scinder en deux sectes hostiles : lugubre épilogue à la tragédie templière ! L'une de ces sectes, diaboliquement et criminellement avide d'une exclusive souveraineté, va proscrire l'autre, et, prostituant aux œuvres les plus basses la science effective et les pouvoirs augustes de la Haute Magie, faire *œuvre de sorciers*, dans le sens. le plus strict du mot, et surtout le plus terrible.

Nous frémissions tout à l'heure au résumé rapide du procès des Templiers, au tableau de leur inexpiable supplice. Étaient-ce là des sorciers ? — Je vous laisse juges. Oyez.

Riches et puissants, par-dessus tout ambitieux, revêtus de pouvoirs surprenants et redoutables, que conférait à plusieurs d'entre eux une initiation partielle et relative aux arcanes d'une science souvent contestée, tournée parfois en ridicule, mais toujours proscrite des sacerdoces et des gouvernements absolus, les Templiers pouvaient évidemment, dans l'ordre religieux, comme dans l'ordre politique et social, déterminer des bouleversements subits et imprévus, de nature à changer la face de l'Europe et même du monde... Voilà ce que soupçonnèrent vaguement le pape et le roi de France.

À ne prendre garde qu'à la logique toute superficielle des événements interrogés dans leur apparente signification, Clément V ne devait voir dans les Chevaliers du Temple que vaillants défenseurs du Catholicisme et zélés soutiens du trône pontifical ; — Philippe le Bel, que sujets pleins de loyalisme et de ferveur à la cause dynastique. Mais une singulière intuition, éveillée au cœur de ces deux potentats, y protestait contre ces apparences.

Pris d'une belle peur, le monarque et le pontife (ce dernier antérieurement même à son élection) résolurent la destruction totale de l'Ordre, et poursuivirent ce résultat *per fas et nefas*, au mépris de toutes les voix de la conscience et de l'humanité. Ils furent tour à tour perfides et violents, hypocrites et sans pitié.

Idolâtrie ou sorcellerie ! que leur importait vraiment ?... Ce qu'ils s'acharnèrent à ensevelir sous la cendre des bûchers de 1311 à 1313, ce fut la possibilité d'une révolution politique, et le plan, indécis encore, d'une réforme sociale et religieuse.

Mais ils avaient compté sans les lois de répercussion et d'équilibre. Ils ignoraient qu'on ne noie pas une idée, même en germe, dans le sang de ceux qui s'en sont fait les apôtres et les légataires.

Cette prudence féroce autant qu'illusoire, et l'infâme guet-apens qui en fut la résultante les perdirent tous deux aussitôt — et qui plus est, suscitèrent dans le futur, à près de cinq siècles d'intervalle, un choc en retour dont la terre tremble encore ; une tardive commotion qui provoqua d'emblée l'écroulement le plus subit et le plus colossal qu'ait enregistré l'histoire des hommes : *Dix-sept cent quatre-vingt-treize* fut une réplique foudroyante à l'inique arrêt de *Treize cent douze* !

Clément V et Philippe furent clairvoyants sans doute, lorsqu'ils sentirent quelle vivante menace se dressait devant eux dans la personne des Templiers, et cela en dépit de toutes les protestations imaginables de fidélité et d'amour : mais bien aveugles furent-ils dans leur opiniâtre barbarie, s'ils se purent flatter de l'espoir qu'un autodafé, si complet et si prompt qu'on réussît à l'accomplir, réduirait à néant les Templiers, leur puissance et le Verbe qu'ils portaient en eux.

Ajournés à *comparaître devant Dieu* — le pape dans les quarante jours et le roi dans l'année — l'Histoire nous les montre tous deux lugubrement fidèles au rendez-vous...

Des deux Chevaliers apostats, dénonciateurs de l'Ordre, le premier, impliqué, l'on ne sait trop comment, dans un obscur procès, fut pendu par arrêt de Justice ; on trouva l'autre baigné dans son sang...

Tels compagnons de captivité du Grand Maître, ces deux Chevaliers pusillanimes qui, lors du supplice de celui-ci, avaient déshonoré le Temple, en persistant dans leurs aveux, ne moururent pas moins misérablement...

Une immense société secrète s'était constituée clandestinement sur les débris de l'Ordre.

Désormais, la vengeance préparait dans l'ombre les mines et les contre-mines dont l'explosion nous terrifiera, quatre cent cinquante ans plus tard : dans l'attente de cette épouvantable et tardive riposte, elle décimait, l'un après l'autre, tous les assassins de Jacques Molay. « En brisant l'épée des Templiers, on en avait fait des poignards, et leurs truelles proscrites ne maçonnaient plus que des tombeaux [29] ».

La ruine du Temple décidée de part et d'autre, le pape et le roi n'avaient pas perdu de temps pour l'accomplir. Jamais l'exécution d'un plan plus vaste n'avait été menée et parfaite avec plus d'ensemble et de promptitude. En moins de six ans, l'épouvantable Moloch à deux têtes, l'une couronnée de honte, l'autre mitrée d'infamie, avait dévoré l'Ordre antique du Temple en ses entrailles d'airain rougi... — Il ne devait mettre que moitié de ce temps, le Moloch révolutionnaire, né de la cendre des Chevaliers du Temple, il ne devait mettre que trois ans à dévorer l'ancien monde !

Mais les géants ont une croissance lente... Il va falloir à celui-là quatre siècles d'enfance pour atteindre à l'âge de la force et de la puberté.

Le sablier s'est vidé petit à petit ; la coupe s'est

---

[29] Éliphas Lévi, *Histoire de la Magie*, page 280.

emplie goutte à goutte : une larme encore, elle va déborder. Alors ce sera le déluge !

Les quatre siècles sont révolus. — Maintenant, il est adulte, le géant collectif des sanglantes revendications, et sorti de sa caverne, il va commencer son travail au grand jour.

Sous quel mode et sous quel aspect ? — Nous l'allons voir. Il se montre au soleil, mais couvert d'un masque.

Il portera cinquante ans encore le nom d'*Illuminisme*, avant d'arborer soudain celui de *Révolution française* !...

En effet, dès la seconde moitié du XVIIIe siècle, les sociétés secrètes se multiplient d'une manière surprenante ; elles bourdonnent de tous côtés : c'est comme une multitude d'essaims qu'on verrait sortir de terre, vibrant au soleil dans l'effervescence d'un labeur inaccoutumé.

L'heure sinistre a sonné — le midi du châtiment et les abeilles industrieuses de la vengeance préparent leur aiguillon pour le grand combat. Déjà le siècle a goûté de leur miel capiteux, dont l'arôme monte au cerveau, poison subtil qui rend aveugle et fait délirer...

Écoutez un moment encore et ce que vous avez pris pour un bourdonnement d'insectes, c'est le grondement d'un orage lointain, mais qui se rapproche ; c'est la confuse et croissante rumeur de millions de voix humaines, criant Vengeance et Liberté !

L'Allemagne paraît surtout la pépinière des Illuminés, le point de ralliement des sectes.

De puissants seigneurs, avides de révélations d'outre-tombe, comblent de bienfaits quelques mystiques de bonne foi qui leur disent : — *mon fils !* et surtout de nombreux charlatans qui les bernent et les exploitent.

Puis de mystérieuses sociétés se forment et se recrutent de toutes parts : Weisshaupt, professeur à l'Université d'Ingolstadt, fonde ses *Aréopagites* ; la curiosité publique s'en mêle et la vogue leur est acquise pour un temps.

Swedenborg dogmatise en Suède ; Schrœppfer évoque à Leipzig ; Yung-Stilling vaticine d'un autre côté. D'Eckartshausen enseigne à Munich les plus hautes spéculations de la magie numérale de Pythagore ; Lavater, le théosophe zurichois, fait le voyage de Copenhague, pour participer aux mystères de l'École du Nord. Il ne s'agit de rien moins que des « manifestations physiques de la Cause active et intelligente » (le Verbe !). Par intervalles, comme pour se faire la main, les théurgistes danois évoquent saint Jean, Moïse, Élie, sans relater de moindres personnages de l'un et de l'autre Testament. Enfin, les « adeptes » abondent, et ce serait folie de prétendre à les énumérer au complet. De tous ces Illuminés, il en est peu de bons (exceptons d'Eckartshausen), beaucoup de médiocres (citons Yung-Stilling, Swedenborg et Lavater), et plus encore de détestables (tels que Schrœppfer, Weisshaupt et *tutti quanti*). Il s'en faut que les meilleurs semblent eux-mêmes exempts de tares ou de ridicules.

Cette École de Théurgie, où l'on accomplit de

si séduisantes merveilles, compte un peu partout ses analogues. Chose inouïe : une lettre du baron de Liebistorf à Claude de Saint-Martin (en date de décembre 1793) nous apprend qu'une Cour du Nord, autre que celle de Copenhague [30], gouverne dès longtemps d'après des inspirations spirites. Son cabinet des ministres *ne fait pas un pas* (textuel), sans consulter les fantômes !

Le lecteur curieux d'un dénombrement systématique des sociétés secrètes, en Allemagne et ailleurs, se reportera aux nombreux ouvrages parus depuis cent ans pour les dénoncer ou les défendre ; il pourra s'instruire ainsi du pour et du contre. Qu'il prenne garde, néanmoins, de se prononcer sur des pièces insuffisantes, dans un procès aussi exceptionnel que complexe, et dont il ne saurait se porter juge qu'en première instance : car l'heure n'a pas encore sonné du verdict définitif que l'impartiale histoire rendra quelque jour, dans le silence tardif et solennel de toutes les passions apaisées.

Pour nous, notre but est de faire voir la fille du Temple proscrit, cette Maçonnerie occulte, se déguisant, insaisissable et multiforme, derrière les mille sectes d'Illuminés qu'elle a su grouper autour d'elle, et préparant dans l'ombre, — *per fas et nefas*, elle aussi — la réplique vengeresse et souveraine aux

---

[30] Il s'agit sans doute de celle de Prusse, ainsi que le porte à croire une lettre de Saint-Martin au même Liebistorf, en date du 6 mars 1793. On y lit cette phrase : « Je sais que l'Allemagne est remplie de ces initiations, je sais que le Cabinet de Berlin ne se conduit et ne conduit son roi que par là. »

bulles de Clément V, comme aux ordonnances de Philippe le Bel.

Nous avons sous les yeux l'édition originale d'un livre paru en 1789, sous ce titre : *Essai sur la secte des Illuminés* (s. l. in-8). Le marquis de Luchet, auteur anonyme de ce libelle prophétique, décrit tout au long les œuvres des Illuminés, les travaux de leurs cercles, les épreuves et les serments de leurs adeptes ; il dévoile les Nocturnales de Berlin, énumère les différentes sectes mystiques dont nous avons touché un mot, depuis l'Ordre des Chevaliers de l'Apocalypse, fondé vers 1690 par Gabrino, cet aventurier qui avait pris le titre de Prince du Septenaire (pp. 129-130), jusqu'à l'Ordre des Chevaliers et Frères initiés de l'Asie et la secte de Saint-Joachim qui en dérive. Mais, après avoir intitulé deux de ses chapitres : Que la secte des Illuminés doit nécessairement détruire le royaume où elle sera protégée (pp. 80-94) ; — Que les rois sont les plus intéressés à détruire la nouvelle secte (pp. 95-107), M. de Luchet n'a garde de méconnaître le nœud central de tant de fils, ramifiés par toute l'Europe : — « Je ne balancerai pas, dit-il, à présenter pour remède une grande réforme de la Maçonnerie. » (p. 163.)

Puis, prévoyant le bouleversement de l'ancien monde avec une lucidité qui paraîtrait apocryphe, si son livre, publié en 1789, n'avait été signalé par la critique lors même de son apparition, il précise les travaux des loges et les aspirations des affidés dans le style déclamatoire de l'époque : « Tous se croient appelés à faire une Révolution, tous la préparent... La Terre souffre ; un nouveau fléau la tourmente, la

Nature gémit, la Société se décompose... Ainsi finira elle-même la secte des Illuminés. Que de maux préviendrait celui qui l'étoufferait au berceau, et justifierait un moment de violence par les lois que lui impose le passé ! » (pp. 137-138, *passim*).

C'est bien un partisan du vieux monde qui s'effare ainsi, n'est-ce pas, lecteur ? Sent-il assez nettement le sol se dérober sous lui ?

Hélas ! quand on évoque en un miroir rétrospectif toutes les horreurs d'une révolution juste et généreuse dans son principe ; lorsqu'on calcule ce qu'a coûté de sang et de larmes à la France et au monde la vengeance des Templiers, a-t-on bien le droit de reprocher au marquis de Luchet ses terreurs sybillines — et peut-on du moins lui refuser ce témoignage, que debout sur l'Atlandide près de s'engloutir, il a su prévoir et prédire la marée montante des flots qui devaient la submerger ?

« O mes concitoyens, s'écrie-t-il dans sa préface, croyez que nous ne répandons pas de fausses alarmes ; nous avons écrit avec un assez grand courage et nous sommes loin d'avoir tout dit... (p. IV) ; il s'agit bien d'égards, de ménagements et de politesses avec des hommes de fer, qui, le poignard à la main, marquent leurs victimes (p. XV). »

Plus loin, après avoir dévoilé le mystère des initiations et transcrit *in extenso* la formule du serment affreux imposé aux affidés, quelque fût leur rang, il ajoute (p. 156) : « Les mystères se célèbrent aujourd'hui dans des lieux retirés et presque inconnus ; dans vingt ans, ils se célébreront dans les temples. » — Quatre années, à partir de cette prédiction, n'étaient pas révolues, que les amis d'Hébert inauguraient le culte de la déesse Raison sur l'autel métropolitain de Notre-Dame !

Étrange rencontre ! L'homme dont l'intuition suraiguë a su prévoir tant d'événements prochains, semble encore, aux dernières pages de son livre, entrevoir Napoléon et son despotisme dans les ombres d'un avenir plus éloigné : « O toi qui remplis la terre de hauts faits et de grandes vertus, ô Renommée, porte ailleurs ta trompette harmonieuse !... Ne publie jamais qu'un capitaine, encore plus emporté que valeureux, compte pour rien les victimes immolées à son ambition, pourvu que leur sang fasse croître les lauriers [31] !... Étends un voile épais sur les odieuses intrigues filées par des hommes qui ont conspiré la honte des souverains ; manœuvres indignes qui laissent les services sans récompenses, la vertu sans honneur, le talent sans protection, la vérité sans hommage, la Patrie sans gloire, le Trône sans appui, le génie sans emploi, la Société sans harmonie, les malheureux sans asile, le sage sans espoir et les Rois mêmes sans sûreté. » (pages 174-175, *passim*.)

Mais indépendamment du grand mouvement théosophique dont l'Allemagne était le centre, nombre de personnages extraordinaires, revêtus de missions secrètes, parcouraient l'Europe entière, dont ils étonnaient les capitales ; puis transféraient presque tous à Paris leur magnificence énigmatique et leur suspecte

---

[31] M. de Luchet songe sans doute à Lafayette, mais qu'importe ? Les plus lucides se trompent souvent d'objet, leur prophétie n'en est pas moins frappante. C'est ici le cas.

popularité. Le comte de Saint-Germain et Joseph Balsamo (plus tard comte de Cagliostro) valent d'être cités en première ligne. Tous deux, ambassadeurs, suivant Cadet de Gassicourt, ou si l'on veut, missionnaires internationaux, étaient spécialement chargés d'établir une correspondance efficace entre les divers chapitres : Saint-Germain était l'envoyé de Paris ; Cagliostro, celui de Naples[32].

Chacun sait la vogue dont jouirent ces personnages, et les enthousiasmes qu'ils eurent l'adresse ou la science de soulever avec la poussière de leurs équipages splendides.

Qu'ils fussent acclamés d'un peuple illettré, naïf admirateur de tous les hommes à prestige — depuis les dentistes panachés en foire, jusqu'aux généraux galonnés à la parade — il n'est rien là qui nous puisse surprendre ; mais qu'en plein XVIIIe siècle, le monde sceptique et malicieux dont Voltaire, d'Argens et Diderot faisaient les délices quotidiennes, ait accueilli, choyé, adulé des hommes évidemment supérieurs, mais qui ne marchaient qu'environnés de prodiges équivoques, et dont les manières, si belles et si galantes qu'elles fussent, gardaient comme une arrière-senteur de charlatanisme candide et de singulière audace : voilà ce qui semble inouï !

Rien n'est plus vrai cependant. Saint-Germain, racontant d'une voix mélodieuse et toujours égale ses conversations avec Pythagore, Virgile et Jésus-Christ, n'était assurément pas pour déplaire ; et quand ses doigts chargés de bagues, courant sur les touches

---

[32] *Tombeau de Jacques Molay*, Paris, an V, in-12 (page 34).

d'un clavecin, éveillaient comme au cœur de l'instrument des accords d'un archaïsme étrange et poignant : si, à l'interrogation tacite de quelque belle duchesse, il jetait du ton le plus naturel cette réponse à tout le moins bizarre : « C'est là, Madame, un air que je notai vers l'an 2008 avant Jésus-Christ, dans la ville d'Erech, pour faire ma cour à une jeune princesse de Chaldée, » chacun s'émerveillait, mais nul n'avait le mauvais goût de mettre en doute la véracité du conteur.

Que dire de ces fameux soupers de Cagliostro, dont les plus illustres seigneurs de la Cour se disputaient les invitations ; de ces fantastiques soupers, où la voix du Grand Cophte peuplait la salle, à l'instant du dessert, d'*âmes visibles* aux ailes frissonnantes, et faisait asseoir, à droite et à gauche du duc de Richelieu, Sémiramis et Cléopâtre, ressuscitées dans toute la magie de leur légendaire beauté ?

Enchantement, prestige, nécromancie, que sais-je ! Ah ! pardon, j'oubliais que vous saviez, vous, cher lecteur : *suggestion*, n'est-ce pas ?... C'est cela même : merci ! — Donc, la société la plus sceptique, la plus hautaine et la plus polie du monde était docile aux *suggestions* des Cagliostro et des Saint-Germain.

Or, tandis qu'enivrée, bercée au charme de ces grands seigneurs de l'Occultisme, la haute société parisienne s'abandonnait en leurs bras, du geste vaincu de la femme qui se donne, Saint-Germain, le premier, organisait en silence les clubs tapageurs du lendemain et fécondait de son or intarissable la future émeute propre à ébranler le pouvoir d'un roi par la violence ; d'autre part et ensuite, l'infernale prévoyance du *divin* Cagliostro ourdissait l'intrigue du collier — propre à ruiner l'honneur et le prestige d'une reine, par le soupçon.

Le Grand Cophte n'eut qu'à vouloir, pour s'introduire dans le monde de la Cour ; il créait à cette époque sa Maçonnerie égyptienne, dont la petite princesse de Lamballe agréait la maîtrise, par ordre exprès de Marie Antoinette. Pauvre reine ! Sa confidente, son intime amie était d'ores et déjà marquée, stigmatisée du signe secret de Cagliostro : L. P. D., — initiales dont l'interprétation, comme s'il se fût agi d'un hiéroglyphe de la Kabbale, offrait trois sens. À l'encontre de ce qui se fait dans l'exégèse normale des symboles ésotériques, l'hiérophante livrait volontiers les deux significations supérieures : la superlative [33] — Liberté de Penser — c'est l'affirmation de l'initiative indépendante dans l'ordre intelligible ; la comparative — Liberté, Pouvoir, Devoir — c'est le ternaire dans l'ordre moral. Mais il dissimulait avec soin jusqu'à l'existence du sens inférieur, positif : c'était là le secret même de l'Ordre, l'arcane politique et social des Néo-templiers, la sentence prononcée depuis près de cinq siècles contre les héritiers de Philippe le Bel : *Lilia pedibus destrue*, foule aux pieds les lys.

Rapportons, au sujet de cette devise régicide et à l'appui de son ancienneté, une anecdote historique réellement probante : « Le député Grégoire a présenté à la Convention une médaille frappée en 1642 : elle offre d'un côté un bras sortant des nues, moisson-

---

[33] Suivant l'interversion maçonnique : L. D. P.

nant trois lys avec une épée tranchante. La légende est : *Talem dabit ultio messem* (telle est la moisson que donnera la vengeance). Au revers, un autre bras lance la foudre sur une couronne et un sceptre brisés, avec ces mots : *Flamma metuenda tyrannis* (à l'aspect de ces feux les tyrans trembleront [34]). »

Cette médaille peut se voir à la Bibliothèque nationale, où on l'a conservée.

Voici encore, d'après Cadet de Gassicourt, la traduc-

---

[34] *Tombeau de Jacques Molay*, page 3. Parmi les Prophéties relatives à la Grande Révolution, il faut signaler en première ligne les 32 pantacles de la *Pronostication* Paracelsique, et aussi plusieurs des gravures sybillines attribuées à l'abbé Joachim de Flore (ou de Calabre). Je possède deux éditions latines de l'abbé Joachim : l'une, de 1589 (Venise, in-4), avec un frontispice, un titre gravé et 33 figures en taille-douce d'une prescience souvent stupéfiante ; l'autre édition est aussi de Venise (1600, in-4), ornée d'un frontispice et de six figures gravées en forme de roues. Quant à la *Pronostication* de Paracelse, j'en possède également deux exemplaires : l'un est l'édition introuvable de 1536, S.-L. in-4, texte latin, avec 32 figures plus étonnantes encore. Voici le titre exact : *Prognosticatio eximii Doctoris Theophrasti Paracelsi* (ad illustrissimum ac potentissimum Principem Ferdinandum Romanorum Regem, etc..., anno 1536). L'autre exemplaire est un très beau manuscrit original, contenant une traduction française inédite de Christallin (bibliothécaire du Comte de Charolois), écrite de sa propre main (texte latin en regard), avec une pseudo-clef qui consiste en 32 notices d'adaptation téméraire aux événements du règne de Louis XIV. Ce précieux manuscrit est daté de 1712 (trois ans avant la mort du Grand Roi). Format in-4, reliure en veau ancien, ornée sur les plats des armoiries du prince de Condé ; le dos, semé de fleurs de lys et de soleils rayonnants, marque l'époque et nous reporte au règne de Louis XIV, « Roi-Soleil, fécondant les lys épanouis ».

tion d'un avis maçonnique en chiffre, qui fut répandu par les soins de Cagliostro, en France aussi bien qu'en Angleterre : « *A tous les maçons véritables, au nom de Jéhovah !* le temps est venu où l'on DOIT commencer la construction du nouveau temple de Jérusalem. Cet avertissement est pour inviter tous les véritables maçons à Londres de se réunir au nom de Jéhovah, *le seul dans lequel est une divine trinité*, de se trouver demain soir, le 3 du présent 1786, sur les 9 heures, à la taverne de Reilly, *great queen street* (grande rue de la reine), pour y former un plan, et poser la première pierre fondamentale du véritable temple dans ce monde visible...

« CAGLIOSTRO. »[35]

Pour ceux qui connaissent les symboles maçonniques du temple de Salomon, de la mort d'Adon-Hiram et de sa résurrection future, j'estime que cet avis est clair.

Assez de Cagliostro et des adeptes voyageurs : les anecdotes et les commentaires que nécessiterait leur histoire rempliraient la moitié de cet ouvrage. Or, si j'entre dans tous ces détails, en un chapitre qui ne devrait rouler, semble-t-il, que sur les procès de sorcellerie, c'est que je tiens, en multipliant les documents, à faire luire l'évidence d'une *lutte de titans entre adeptes de deux initiations différentes* ; lutte dont les préliminaires mystérieux ont été symbolisés et l'issue nécessaire prédite par Saint-Martin, suivant toutes les règles de l'art ésotérique le plus exquis,

---

[35] *Le Tombeau de Jacques Molay,* pages 36-37.

dans un poème épico-magique, en cent deux chants — *Le Crocodile ou la guerre du Bien et du Mal, arrivée sous le règne de Louis XV ; œuvre posthume d'un amateur des choses cachées*[36].

Cette guerre formidable — dont je me fais fort de prouver la réalité, sans promettre d'en dévoiler l'histoire, ici du moins, — cette guerre rentre, à des titres divers, dans l'objet d'un chapitre intitulé : La Justice des hommes ; et des lecteurs superficiels pourraient seuls y voir une digression stérile et non justifiée : symbole vivant de nos humaines revendications, la Révolution française, doublement juste et légitime dans son principe, s'est montrée doublement inique dans son application ; et c'est en quoi la justice des hommes diffère de celle de Dieu.

Faire le Mal en partant d'une loi juste, c'est plus révoltant pour une conscience droite que faire le Mal en vertu d'un principe d'iniquité.

Tout arbre doit porter son fruit, selon sa race ; l'arbre mauvais donne un fruit mauvais, c'est dans l'ordre des choses : un jour viendra où l'arbre mauvais sera déraciné, scié et jeté au feu. — Mais l'arbre bon ne peut donner de mauvais fruits que s'il dégénère, s'il s'abâtardit ; et le spectacle est toujours navrant d'une pareille altération ; elle ne se peut opérer qu'au laboratoire de Satan, et par la *loi du Binaire*, c'est-à-dire de l'irrémédiable antagonisme.

Nous l'avons vu, et nous l'allons encore vérifier, le Régime de la Terreur est le fruit du Binaire impur.

---

[36] Paris, an VII de la Rép., 1 vol. in-8 de 450 pages, petit texte.

Vraiment énigmatique et stupéfiant, ce long délire du plus noble et du plus civilisé des peuples a dérouté la sagacité de tous les historiens. Qui ne s'épuiserait en conjectures impuissantes, à l'aspect de ces marées périodiques de sang national épandu, où la France, métamorphosée en bacchante, prend plaisir à se vautrer avec ces cris frénétiques et sublimes tout ensemble, qui paraissent empreints d'un fiévreux lyrisme de joie farouche et de désespoir ?

Pour faire une brusque lumière sur cette époque étrange, si fertile en cataclysmes, quelques lignes de l'abbé Constant (Éliphas Lévi) vont suffire : « On se souvient de l'étrange allocution qu'adressa à Cazotte lui-même, en le condamnant à mort, le président du Tribunal révolutionnaire, son confrère et co-initié. Le nœud terrible de 93 est encore caché dans le sanctuaire le plus obscur des sociétés secrètes : aux adeptes de bonne foi qui voulaient émanciper les peuples[37], d'autres adeptes, d'une secte opposée et qui se rattachait à des traditions plus anciennes, firent une opposition terrible par des moyens analogues à ceux de leurs adversaires ; ils rendirent la pratique du grand arcane impossible en démasquant la théorie. La foule ne comprit rien ; mais elle se défia de tous et retomba par découragement plus bas qu'on avait voulu l'élever. *Le grand arcane resta plus inconnu que jamais ; seulement, les adeptes neutralisés les uns par les autres ne purent exercer la puissance ni pour dominer les autres, ni pour se délivrer eux-mêmes : ils se condamnèrent donc mutuellement comme traîtres et se vouèrent*

---

[37] Constant parle ici des Néo-templiers.

les uns les autres à l'exil, au suicide, au poignard et à l'échafaud [38]. »

Laissons pour l'instant Cazotte et son procès ; nous rendrons tout à l'heure à cet épisode toute l'attention qu'il mérite : heureux de pouvoir fournir aux curieux des détails d'une inattaquable authenticité, et qui, pour être de la plus étrange importance, n'en semblent pas moins généralement ignorés.

Réservant donc, sans la perdre de vue, cette scène si révélatrice du grand drame révolutionnaire, consultons l'auteur d'un intéressant et consciencieux travail paru, en 1819, sous ce titre : Des sociétés secrètes en Allemagne, de la secte des illuminés, du Tribunal secret, etc [39].

Cet essayiste — qui ne peut avoir en matière d'Illuminisme la compétence de l'abbé Constant — enveloppe tous les adeptes dans une même réprobation. Entre les deux écoles, toute distinction lui est inconnue.

Il est toutefois surprenant de lui voir écrire, quarante ans avant les publications du célèbre occultiste, des phrases de ce goût : « Pour trouver la clef des Révolutions, depuis le supplice de Charles Ier jusqu'à celui de Louis XVI, il faut toujours en revenir à cette secte intraitable : Le bonnet rouge, que nous avons vu en 1793 devenir l'emblème des Jacobins, fut l'ornement des Indépendants britanniques lorsque Cromwell s'éleva au pouvoir. Sans aller plus loin, n'est-il pas bien singulier, qu'au plus fort de notre Révolu-

---

[38] Éliphas Lévi, _Dogme de la Haute Magie_, pages 324-325.
[39] Paris, Gide fils, 1819, in-8.

tion, les premiers rôles fussent remplis par les Pache, les Marat, les Clootz, les Lazoushi, les Buonarotti, les Miranda, tous Illuminés suisses, allemands, polonais, italiens et espagnols!... (page 179).

« Nous avons déjà vu qu'il y avait trois degrés dans l'Ordre des Illuminés. Le rang le plus élevé était celui du Grand Maître ; le duc d'Orléans en était revêtu en France peu d'années avant la Révolution... (p. 226).

« Les empereurs Joseph II et Léopold, qui avaient pénétré les secrets des Illuminés, furent victimes de l'*Aqua Toffana*. — Le mouvement insurrectionnel du 5 octobre, ceux du 20 juin et du 10 août furent arrêtés dans des réunions d'adeptes et d'initiés, à la *loge du Contrat social*, rue Coq-Héron : je le tiens d'un témoin oculaire. Robespierre a joué un rôle, mais il ne fut point initié[40] : c'est pourquoi il a été renversé. Il voulait s'isoler de la secte dont il était l'instrument : sa tête tomba sur l'échafaud.

« Jamais les Illuminés ne s'étaient vus si puissants ; ils disposaient, en 1793, de la hache du bourreau... Le génie, la valeur, les talents, les vertus, l'opulence, tout passa sous le fatal niveau de la guillotine : on vit dans le même tombereau Bailly et Custines, Malesherbes et Delaborde, Lavoisier et Westermam, Elisabeth et Vergniaud. Rien ne fut épargné : on vit disparaître sous la faux des Illuminés triomphants tout ce qu'il y avait de majestueux et de sublime ; il ne resta que la *bande noire*...

« On me demandera, dans cette hypothèse, pour-

---

[40] Le publiciste fait erreur ici : Robespierre fut parfaitement initié ; il figurait même parmi les chefs du deuxième degré.

quoi le Grand Maître du Chapitre de Paris[41] et ses acolytes, après avoir renversé le trône, ont péri eux-mêmes sur l'échafaud ! Je répondrai par un fait avéré après leur triomphe, LES ILLUMINÉS SE DIVISÈRENT[42]; une partie se retira aux Jacobins et l'autre à la Convention : Les Jacobins dominèrent jusqu'au 9 thermidor ; c'est alors que Camille Desmoulins, Hébert, Chaumette, Clootz et le Grand Maître du Chapitre furent traînés au supplice. Ce dernier eut beau renier son père à la tribune des Jacobins, et protester que sa mère avait prostitué son lit ; on savait où tendaient ses vœux : c'était trahir la secte ; il fut livré au bourreau (pp. 181-183).

« La terre ne présenterait qu'un vaste amas de décombres et de ruines, si la Providence n'eût suscité tout à coup un homme que la fortune appela aux plus hautes destinées, et dont la chute, toute désirée qu'elle devait l'être, a replongé l'Europe dans une suite incalculable de Révolutions. La fameuse journée

---

[41] Philippe-Égalité.
[42] Le publiciste de 1819 n'est pas seul de son opinion : « Philippe (dit de son côté Cadet de Gassicourt), Philippe avait épuisé ses coffres, et son ambition le perdit. Après la mort du roi, pour laquelle il avait voté lui-même, il croyait saisir les rênes de l'État ; il eût réussi, sans doute, MAIS LES INITIÉS SE DIVISÈRENT. *La perte des Bourbons, jurée par les Templiers, ne lui permettait de gouverner qu'en perdant son nom* ; il crut qu'il suffirait d'y renoncer. Il renia son père à la tribune des Jacobins ; il protesta que sa mère, prostituée, reçut dans son lit un cocher, et qu'il était le fruit de ces impudiques amours. Il supplia humblement qu'on lui ôtât son nom et il prit celui d'Égalité. Mais Robespierre avait déjà un parti... » (*Tombeau de Jacques Molay*, pp. 47-48.)

du 18 brumaire porta un terrible coup à la secte des Illuminés ; elle vit l'ouvrage de cinquante ans détruit en un jour par le pouvoir d'un soldat (p. 184).

« La chute de *Buonaparte*, due en grande partie aux Illuminés, ressuscita leur influence sur tous les points ; elle nous conduisit en peu d'années à cette situation fausse que nous prenons pour le repos (p. 203).

« Cette ligue d'Illuminés, de Voyants invisibles, menace plus que jamais nos propriétés et nos vies ; le livre de sang est ouvert, on y inscrit des noms, et cent mille assassins, qui ont juré de n'épargner ni leurs parents ni leurs amis, sont en mouvement. Le malheureux Fualdès a succombé sous leurs coups (p. 256). »

Nous pardonnera-t-on ces longues citations ? Elles étaient nécessaires. L'opinion qu'y émet le publiciste de 1819 est une singulière garantie de véracité pour les allégations d'Éliphas Lévi en 1855. Et quand on y joint les révélations de Cadet de Gassicourt, en date de 1796 (*Tombeau de Jacques Molay*, an V), le doute n'est plus guère permis.

D'ailleurs, les faits mêmes de la Révolution portent leur estampille templière, et viennent plaider en faveur de notre thèse.

Le nom de Jacobins vient de Jacobus Molay, et non, comme on le croit communément, de l'église des religieux jacobins, — lieu de réunion que la secte occulte de la Maçonnerie dut, à raison même de la coïncidence nominale, choisir de préférence à toute autre.

Ces conspirateurs avaient antérieurement fondé, rue Platrière, une loge Jean-Jacques Rousseau, dans la maison du publiciste fameux dont le parti de Robespierre devait réaliser les théories. Lors de l'inauguration de cette fameuse loge, le Jacobinisme était déjà nommé de longue date. Mais la connaissance de cette dénomination trop significative était réservée aux seuls maîtres. — Écoutons Cadet de Gassicourt :

« Pour n'admettre à leurs vastes projets que des hommes sûrs, ils (les Néo-templiers) inventèrent les loges ordinaires de la Maçonnerie, sous le nom de Saint-Jean, de Saint-André. Ce sont celles qu'on connaissait en France, en Allemagne, en Angleterre ; sociétés sans secrets dont les pratiques ne servent qu'à donner le change et à faire connaître aux *vrais maçons* les hommes qu'ils peuvent associer à leur grande conspiration. Ces loges, que je pourrais appeler préparatoires, ont un but d'utilité réelle ; elles sont consacrées à la bienfaisance, elles ont établi entre différents peuples des liens de fraternité infiniment estimables ; aussi vit-on les hommes les plus vertueux rechercher avec empressement de telles sociétés. Les vrais TEMPLIERS ou JACOBINS ne tiennent pas loge ; leurs assemblées s'appellent CHAPITRES. Il y a quatre Chapitres, un dans chaque ville désignée par Jacques Molay[43] et composé chacun de vingt-sept membres. Leur mot d'ordre est Jakin, Booz, Mac Benac, Adonaï 1314, dont les lettres initiales sont celles de *Jacobus Burgundus Molay beat anno 1314*[44]. »

---

[43] « Du fond de sa prison, il créa quatre loges-mères : pour l'Orient, Naples ; pour l'Occident, Edimbourg ; pour le Nord, Stockholm, et pour le Midi, Paris (*Tomb. de J. Molay*, p. 17). »
[44] *Tombeau de J. Molay*, pages 21-22.

Cadet de Gassicourt ajoute à ces détails d'autres révélations sur leurs mots et leurs signes de reconnaissance, leurs doctrines philosophiques et leurs emblèmes. Force m'est de renvoyer à son ouvrage : je n'en puis tout transcrire et tout cependant y a sa valeur.

Il est des coïncidences bien éloquentes et dont la constatation prête singulièrement à réfléchir. Ainsi les héritiers de Jacobus ou de Jacques Molay, les descendants et les continuateurs de ces bandits que le moyen âge a nommé les Jacques, après avoir fixé leur résidence dans la maison même de Jean-Jacques (le philosophe par excellence de la Révolution), finissent par s'établir aux Jacobins, c'est sous le nom de Jacobinisme qu'ils exaltent et propagent leurs doctrines incendiaires.

À ceux que de pareils rapprochements (déjà notés par Éliphas) font sourire de compassion, comment insinuer qu'il y a peut-être quelque chose d'étrange et de significatif dans le choix du local désigné par les Jacobins, pour recevoir le pauvre roi déchu ? C'est le Luxembourg, que l'Assemblée nationale, vu les réparations d'urgence aux Tuileries, avait attribué pour résidence à Louis XVI, après la journée du 10 août. Mais les Jacobins ne sauraient tolérer que le successeur de Philippe le Bel trouvât dans ce palais un asile décent à sa majesté méconnue : au Luxembourg, le roi captif garderait encore l'apparence de sa liberté ; peut-être l'Assemblée serait-elle tentée de lui rendre le fantôme du pouvoir... C'est une prison qu'il faut à leur vengeance ; et quelle prison ? LE TEMPLE !

Ironie d'un inexorable destin ! C'est à la Bastille [45] que Jacques Molay et les siens furent jetés sur l'ordre inique d'un roi de France, quand le roi de France était le plus fort ! — A la Bastille, alors simple porte de ville, flanquée de deux tours. Et voilà qu'après quatre siècles et demi de patientes et ténébreuses menées, le roi de France est à son tour vaincu, proscrit, humilié, déchu, et les héritiers de Jacques Molay, tout-puissants à cette heure, le relèguent dans l'ombre humide de leur ancienne tour ; lieu sinistre, jadis à la fois caserne et couvent, aujourd'hui simple prison : *Et nunc, Reges, intelligite ; erudimini, qui judicatis terram !*

La Monarchie profanée, terrassée et mise à néant, les Jacobins se tournent contre le Catholicisme. Chaumette, Anacharsis Clootz, dès l'année précédente, avaient ouvert la persécution ; sous Robespierre, elle atteint son paroxysme. La haine des Néo-templiers n'était point assouvie, au spectacle de Philippe le Bel puni dans la personne de Louis XVI ; il fallait que le pauvre Pie VII payât à son tour la dette terrible contractée par Clément V.

---

[45] « C'est par la prise de la Bastille que commença la Révolution, et les initiés la désignèrent au peuple parce qu'elle avoit été la prison de Jacques Molay. Avignon fut le théâtre des plus grandes atrocités, parce qu'il appartenoit au pape et parce qu'il renfermoit les cendres du Grand Maître. Toutes les statues des rois furent abattues, afin de faire disparoître celle de Henri IV, qui couvroit la place où Jacques Molay fut exécuté. C'est dans cette même place, et non ailleurs, que les initiés vouloient faire élever un colosse foulant aux pieds des couronnes et des thiares, et ce colosse n'étoit que l'emblème du corps des Templiers. (*Tombeau de J. Molay*, pages 42-43.)

— Rapprochements factices ! Spécieuse coïncidence d'événements tout fortuits et nullement solidaires ! C'est chose facile d'établir après coup un lien de causalité entre des faits qui n'ont d'autre corrélation qu'une vague analogie !... — Nous ne nous dissimulons guère que la majorité de nos lecteurs tiendra ce langage, en dépit du nombre assez notable d'indices pour le moins singuliers, que nous avons pris à tâche de grouper en un faisceau compact. Si néanmoins, ouvrant un livre imprimé avant les grands cataclysmes révolutionnaires, nous faisions voir le double plan de cette Révolution (anti bourbonnienne et anti cléricale), arrêté de longue date dans les loges d'une Maçonnerie qui se proclame templière, qu'objecteraient à notre thèse ceux-là qui la taxent de chimérique et de paradoxale ?

Nul n'ignore le procès de Cagliostro, condamné à mort par arrêt de l'Inquisition, peine qui fut commuée par le pape en celle de la détention perpétuelle. Reportons-nous à la *Vie de Joseph Balsamo, comte de Cagliostro, extraite de la Pocédure instruite contre lui à Rome, en* **1790**, *traduite d'après l'original italien, imprimé à la chambre apostolique* (Paris, 1791, in-8, portrait). Les pages 129-132 nous offrent le récit détaillé que fit Cagliostro devant ses juges, de son initiation aux mystères de l'Illuminisme. La scène se passe dans une maison de campagne, à trois milles de Francfort-sur-le-Mein en 1780. Nous transcrirons cet aveu textuel : «... Nous descendîmes par quatorze ou quinze marches dans un souterrain, et nous entrâmes dans une chambre ronde, au milieu de laquelle je vis une table ; on l'ouvrit, et dessous étoit une caisse de fer qu'on ouvrit encore et dans laquelle j'aperçus une quantité de papiers : ces deux personnes[46] y prirent un livre manuscrit, fait dans la forme d'un missel, au commencement duquel étoit écrit NOUS, GRANDS MAÎTRES DES TEMPLIERS, etc. Ces mots étoient suivis d'une formule de serment, conçue dans les expressions les plus horribles, que je ne puis me rappeler, mais qui contenoient l'engagement de détruire tous les souverains despotiques. Cette formule étoit écrite avec du sang et avoit onze signatures, outre mon chiffre qui étoit le premier ; le tout encore écrit avec du sang. Je ne puis me rappeler tous les noms de ces signatures, à la réserve des nommés N., N., N., etc. Ces signatures étoient celles des douze Grands-Maîtres des Illuminés ; mais dans la vérité, mon chiffre n'avoit pas été fait par moi, et je ne sais comment il s'y trouvoit. Ce qu'on me dit sur le contenu de ce livre, qui étoit écrit en françois, et le peu que j'en lus me confirma encore que cette secte avoit déterminé de porter ses premiers coups sur la France ; qu'après la CHUTE DE CETTE MONARCHIE, elle devoit frapper l'Italie, et ROME EN PARTICULIER ; que Ximenès, dont on a déjà parlé, étoit un des principaux chefs ; qu'ils étoient alors au fort de l'intrigue, et que la Société a une grande quantité d'argent dispersé dans les banques d'Amsterdam, de Rotterdam, de Londres, de Gènes et de Venise[47] » (p. 180-181).

---

[46] Deux illuminés qui accompagnaient Cagliostro.
[47] On lit dans cette même *Vie de Cagliostro*, publiée sur les documents du saint Office (édition italienne, 1790 ; traduction française, 1791), cette phrase significative, au sujet de la secte des Illuminés, dite de la Haute Observance : « Celle-là professe l'ir-

Insister sur la valeur de cette déposition, ce serait faire outrage à la sagacité du lecteur. Donc, le Trône aboli, l'on s'en prit à l'Autel : les églises fermées et dévastées ; les prêtres réduits à trahir leurs serments ; la déesse Raison trônant, sous l'emblème vivant d'une prostituée, sur l'autel métropolitain de Notre-Dame ; tous les biens ecclésiaux mis sous séquestre ou dénaturés : ces choses et mille autres encore ne furent que les premiers effets de la rancune jacobine ; — et quand Bonaparte insultait, seize ans plus tard, à la majesté du pape captif à Fontainebleau, et, blême de rage, poussait la violence (dit-on) jusqu'à fendre du haut en bas la blanche robe du pontife d'un coup de son éperon d'acier, cet ennemi de toutes les sectes se faisait, sans s'en douter assurément, l'exécuteur tardif de la vengeance des Templiers.

Que de rapprochements pareils seraient à faire, si notre cadre s'y prêtait !

Empruntons à Éliphas Lévi, qui les narre si bien, l'une encore de ces anecdotes terriblement éloquentes de la Révolution française. — Nous sommes en 1792.

« Le roi était captif au Temple et l'élite du clergé français en exil, ou à l'Abbaye. Le canon tonnait sur le Pont-Neuf, et des écriteaux menaçants proclamaient la patrie en danger. Alors des hommes inconnus organisèrent le massacre. Un personnage hideux, gigantesque, à longue barbe, était partout où il y avait des

---

religion la plus décidée, emploie la magie dans ses opérations ; sous le prétexte spécieux de venger la mort du Grand Maître des Templiers, elle a principalement en vue la destruction totale de la religion catholique et de la monarchie » (page 90).

prêtres à égorger. — Tiens, leur disait-il : avec un ricanement sauvage, voilà pour les Albigeois et les Vaudois ! Voilà pour les Templiers ! Voilà pour la Saint-Barthélemy ! Voilà pour les proscrits des Cévennes !... Et il frappait avec rage, et il frappait toujours, avec le sabre, avec le couperet, avec la massue. Les armes se brisaient et se renouvelaient dans ses mains ; il était rouge de sang de la tête aux pieds ; sa barbe en était toute collée, et il jurait avec des blasphèmes épouvantables qu'il ne la laverait qu'avec du sang.

« Ce fut lui qui proposa un toast à la nation à l'angélique Mlle de Sombreuil...

« Après la mort de Louis XVI, au moment même où il venait d'expirer sous la hache de la Révolution, l'homme à la longue barbe — ce juif-errant du meurtre et de la vengeance — monta sur l'échafaud devant la foule épouvantée ; il prit du sang royal plein ses deux mains, et le secouant sur la tête du peuple, il dit d'une voix terrible : *Peuple français, je te baptise* AU NOM DE JACQUES *et de la liberté* [48] ! »

Une autre citation du savant Éliphas va nous ramener à la personne et au procès de l'initié Jacques Cazotte, dont nous avons choisi l'étrange aventure pour servir de conclusion à ce chapitre.

On sait dans quelles conditions le kabbaliste Pasqualis-Martinez vint offrir l'initiation au romancier du *Diable amoureux* ; c'est toute une mystérieuse légende sur quoi nous aurons sans doute à revenir ailleurs. — Quoi qu'il en soit, l'abbé Constant, après

---

[48] *Histoire de la Magie,* pages 443-444.

en avoir esquissé l'histoire, fait suivre son récit des réflexions suivantes : « L'initiation de Cazotte devait en faire un partisan dévoué de l'ordre et un ennemi dangereux pour les anarchistes ; et, en effet, nous avons vu qu'il est question d'une montagne sur laquelle on s'élève pour se régénérer, suivant les symboles de Cagliostro ; mais cette montagne est blanche de lumière comme le Thabor, ou rouge de sang comme le Sinaï et le Calvaire. Il y a deux synthèses chromatiques, dit le Zohar : la blanche, qui est celle de l'harmonie et de la vie morale, et la rouge qui est celle de la guerre et de la vie matérielle : la couleur du jour et celle du sang. Les Jacobins voulaient arborer l'étendard de sang, et leur autel s'élevait déjà sur la montagne rouge. Cazotte s'était rangé sous l'étendard de lumière, et son tabernacle mystique était posé sur la montagne blanche. La montagne sanglante triompha un moment et Cazotte fut proscrit... Cazotte avait prophétisé sa propre mort[49], parce que sa conscience

---

[49] La densité de ce chapitre nous interdit de reproduire *in extenso* la plus stupéfiante prophétie que bouche humaine ait proférée jamais. Chacun peut d'ailleurs la lire au tome premier des œuvres posthumes de LA HARPE, témoin oculaire et auriculaire, qui nous l'a conservée dans ses moindres détails. Nous résumerons donc son récit :

C'était à table, chez le duc de Nivernais, au commencement de l'année 1788. La compagnie, aussi nombreuse qu'illustre, se composait de grands seigneurs et de grandes dames, de courtisans et de gens de robe, enfin d'académiciens et de poètes. La philosophie négative et libertine des Voltaire et des Diderot était alors d'obligation stricte, même pour les Dames ; l'on avait donc mangé du prêtre, puis conté des anecdotes graveleuses, entrecoupées d'exclamations dithyrambiques en l'honneur de la future Révolution qui abolirait la pruderie, de cette Révolution qu'appelaient tous les vœux...

Cazotte n'avait supporté cette apologie qu'avec un impatient malaise. Soudain, il se lève, pâle et l'œil allumé d'une flamme sybilline : devant tous ces convives enfiévrés d'avenir, il déchire brusquement le voile du temps futur.

— Ah ! réjouissez-vous, Messieurs, car tous vous la verrez, cette sublime révolution qui vous tuera tous, aux noms même de la Fraternité et de la Raison. — Vous, M. de Condorcet, vous mourrez proscrit par Elle, vous mourrez dans un cachot du poison que le bonheur de cette époque vous obligera de toujours porter sur vous ;

— vous, M. de Champfort, également proscrit, vous mourrez de vingt-deux coups de rasoir ; — vous, M. de Vicq d'Azyr, vous aurez une mort toute pareille ; — vous, Aymar de Nicolaï, je vous vois gravir les marches de l'échafaud ; vous, M. Bailly, mourrez sur l'échafaud vous aussi, M. Roucher, sur l'échafaud.

Ici je cite textuellement : — « Oh ! c'est une gageure, s'écrie-t-on de toutes parts, il a juré de nous exterminer tous.

— Non ! CE N'EST PAS MOI QUI L'AI JURÉ !

Quelqu'un donc a juré toutes ces proscriptions ? Mais qui ? — Les Jacobins, les Néo-templiers !... ce n'est que trop clair.

Reprenons. — Heureusement (ici c'est La Harpe qui parle), vous ne me mettez pour rien dans tous ces prodiges ! — Vous y serez, M. de La Harpe, et pour un miracle au moins aussi grand ; vous serez alors chrétien. — Si nos têtes, s'écrie-t-on à la ronde, ne doivent tomber que ce jour-là, nous sommes tous immortels !

— Sommes-nous heureuses, nous autres femmes, dit la duchesse de Grammont, de n'être pour rien dans vos Révolutions !... Du moins ne s'en prend-on jamais à notre sexe.

— Votre sexe, pour cette fois, ne vous défendra pas. Oui, Madame la duchesse, vous aussi monterez sur l'échafaud. Le bourreau vous y conduira dans sa charrette.

— Ah ! du moins me laisserez-vous mon carrosse drapé de noir ?

l'engageait à lutter jusqu'à la mort contre l'anarchie. Il continua donc d'obéir à sa conscience, fut arrêté de nouveau et parut devant le Tribunal révolutionnaire : il était condamné d'avance.

Le président, après avoir prononcé son arrêt, lui fit une allocution étrange, pleine d'estime et de regret : il

---

— Non point, et de plus grandes dames que vous s'en passeront...
— Des princesses du sang, alors ?
— De plus grandes dames encore...
Ici, Madame de Grammont crut prudent de briser les chiens :
— Vous verrez qu'il ne me laissera pas même un confesseur !
— Vous n'en aurez point ; car le dernier à qui, par grâce, on en accordera un, sera...
— Parlez !
— Le roi de France.
Tout le monde se lève ; on trouve que la plaisanterie devient trop forte et surtout qu'elle se prolonge au-delà des limites de la bienséance. Le maître de la maison court à Cazotte, et d'un ton pénétré, le prie d'abandonner cette lugubre facétie. Mais Cazotte en est pour ce qu'il a dit. Il ajoute même que six ans ne se passeront pas, que toutes ces choses ne soient accomplies.

Comme il s'apprêtait à sortir, Madame de Grammont, désireuse de faire diversion, l'interpelle :
— M. le Prophète, vous nous avez dit notre bonne aventure ; mais la vôtre ?
— Avez-vous lu, duchesse, le siège de Jérusalem, dans Josèphe ? Un homme, pendant le siège, fit sept jours de suite le tour des remparts, en criant d'une voix lugubre : — « Malheur ! malheur sur Jérusalem, et malheur sur moi-même ! » Le septième jour, une énorme pierre, lancée par les machines ennemies, l'atteignit en plein front et le mit en pièces.

Sans s'expliquer davantage, Cazotte fit sa révérence et sortit.

l'engageait à être jusqu'au bout digne de lui-même et à mourir en homme de cœur comme il avait vécu[50]. »

Cette page d'Éliphas piqua au vif notre curiosité, si bien que nous résolûmes d'en apprendre plus long sur les dernières heures de Cazotte. Le hasard nous servit à souhait, en faisant tomber sous notre main une brochure peu recherchée sans doute et peu connue, mais qui nous fut une précieuse révélation. C'est le procès in extenso de Cazotte, publié sous le Directoire, probablement par ordre, sous ce titre

CORRESPONDANCE MYSTIQUE DE JACQUES CAZOTTE *avec Laporte et Pouteau, intendant et secrétaire de la Liste civile, pendant les années* 1790-1791-1792, *suivie de son interrogatoire et de son jugement*[51].

Le titre est un peu trompeur, du moins dans la forme. À part huit pages de notice et une page d'épilogue, c'est, comme nous l'avons dit, la minute du procès qui a rempli l'audience du 24 septembre 1792 : le Tribunal révolutionnaire condamne Cazotte à la peine de mort, pour crimes de haute trahison et de complot contre les autorités constituées. Seulement, l'audience presque tout entière est consacrée à la lecture des lettres que Cazotte avait écrites à Laporte et surtout à Pouteau, pour être, par leurs soins, mises sous les yeux du roi.

De temps à autre, quelques bribes d'interrogatoire se glissent entre deux épîtres : on questionne l'accusé

---

[50] Il avait été arrêté une première fois, et sauvé par sa fille comme Sombreuil, lors des massacres de septembre.
[51] Paris, Lerouge, Deroy et Maret, an VI de la République, I vol. in-12 de 182 pages, avec portrait.

avec égards et modération ; il répond avec calme, douceur et fermeté :

D. — Vous êtes peut-être fatigué : le Tribunal est prêt à vous accorder le temps que vous croirez nécessaire, pour prendre nourriture, rafraîchissement ou repos ?

R. — Je suis très sensible à l'attention du Tribunal. La fièvre qui me tient en ce moment me met dans le cas de soutenir le débat ; d'ailleurs, plus tôt mon procès sera terminé et plus tôt j'en serai quitte, ainsi que MM. les juges et les jurés.

Quand l'inculpé refuse de répondre, le président passe sans insister. Pas un mot de reproche ou de blâme. Quel procès courtois !

Pour réveiller le lecteur, vraiment charmé de cette discussion polie, où l'on sent l'estime réciproque percer sous chaque parole, il suffit que la phrase terrible de tout à l'heure lui revienne en mémoire : *Cazotte était condamné d'avance !*

Alors, au milieu des passions politiques déchaînées, des grandes haines en ébullition, cette douceur détonne douloureusement, cette courtoisie semble affectée ; enfin — pour user d'une expression vulgaire ce procès donne froid dans le dos.

Condamné d'avance ! mot effroyable... et rigoureusement vrai. Si vrai, que le Tribunal repousse, sans considérants, une déclinaison de compétence soulevée à sa barre par le défenseur Julienne : or, si jamais compétence fut justement déclinée, ce fut ce jour-là.

« L'accusé fondait sa protestation sur ce que, ayant été jugé le 2 septembre par le peuple souverain et par des officiers municipaux revêtus de leurs écharpes, qui l'avoient remis en liberté, on ne pouvoit, sans porter atteinte à la souveraineté de ce même peuple, procéder à un jugement contre lui, sur des faits pour lesquels il avoit été arrêté, et ensuite élargi » (p. 19).

Non bis in idem. — L'axiome est bien connu, partout incontesté et domine toutes les législations... Que fait le Tribunal ?

« Le Tribunal, sans s'arrêter ni avoir égard à la protestation présentée par le sieur Cazotte, ordonne qu'il sera passé outre... » (p. 17)

Il ajoute bien que « copie de ladite protestation et expédition du présent jugement seront, à la diligence du commissaire national, adressées au ministre de la Justice, pour être par lui communiquées à la Convention Nationale, s'il y a lieu !... » (*Ibid.*). Mais comme l'arrêt de mort, prononcé dans la journée, fut exécuté le soir même, vers les sept heures, cette restriction servait à grand'chose ! Quelle barbare ironie !

Au demeurant, il le faut avouer, la correspondance de Cazotte était, vu les circonstances, aussi compromettante que possible.

Comme Saint-Martin, disciple du même Martinez, puis élève posthume de Jacob Böhme ; comme Dutoit-Mambrini, le théosophe de Genève, qui a publié en 1793, sous le pseudonyme de Keleph-ben-Nathan, un ouvrage admirable[52] malgré quelques erreurs ; comme Fabre d'Olivet, dont l'initiation date de cette époque ;

---

[52] *La Philosophie divine*, s.l., 1793. 3 vol. in-8. Dutoit était le fils spirituel du théosophe Saint-Georges de Marsais.

comme d'autres encore, Cazotte relevait de la plus ancienne tradition ; il appartenait à l'initiation orthodoxe dont il a été question plus haut. Mais moins prudent que Dutoit et que Saint-Martin, il fut de ceux qui travaillèrent activement, sur les trois plans astral, moral et intellectuel, à la contre-Révolution.

Adepte, il fut une des premières victimes de la gent jacobine ou néo-templière.

Il faut voir comme les juges de Cazotte veulent le faire parler sur le chapitre de son initiation. Écoutez l'insidieuse question qu'on lui pose :

D. — Quelle est la secte dans laquelle vous êtes entré ? Est-ce celle des illuminés ?

R. — Toutes les sectes sont illuminées ; mais celle dont je parle dans ma lettre est celle des MARTINISTES. J'y suis resté attaché l'espace de trois ans ; différentes causes m'ont forcé à donner ma démission ; néanmoins j'en suis toujours demeuré l'ami (p. 45).

Cazotte répond là avec une rare présence d'esprit. Lui-même avait senti, au moment où la lutte allait s'ouvrir entre les deux initiations rivales, combien dangereux serait le choc : tout porte à croire qu'il avait voulu d'abord l'éviter. — Reportons-nous à la lettre cataloguée N., en date du 4 avril 1792 :

« Les piques se tourneront contre les piques, mon cher ami ; ayez encore un peu de patience... Vous n'êtes pas initié ? Applaudissez-vous-en ! Rappelez-vous le mot : *Et scientia eorum perdet eos*. Si je ne suis pas sans danger, moi que la grâce divine a retiré du piège, jugez du risque de ceux qui y restent.

« Il y a longtemps qu'on a fait l'éloge de la sûreté

du plancher des vaches. LA CONNOISSANCE DES CHOSES OCCULTES EST UNE MER ORAGEUSE D'OU L'ON N'APERÇOIT PAS LE RIVAGE » (pp. 94-95).

Et cependant il se ravise. — Si inévitable est la terrible lutte, qu'il s'y jette. Il sent tellement qu'il y va pour tous d'une question de vie ou de mort, que lui, cet homme excellent, ce théosophe orthodoxe, lui, ce doux vieillard, après avoir appelé à grands cris l'étranger en France pour rendre au roi le pouvoir absolu, s'écrie encore : « Le roi doit être en garde contre un de ses penchants, c'est la clémence... Qu'il se garde bien d'arrêter le glaive ; qu'il réfléchisse aux châtiments qu'ont éprouvés les chefs des Israélites qui ont ménagé les victimes désignées par le Seigneur. L'homme ne sait ce qu'il fait, lorsqu'il veut épargner ce sang ; sa compassion dégénère en cruauté. Le plus grand bonheur qui puisse arriver à un criminel, c'est d'être supplicié sur la terre, PARCE QU'ON NE PAIE PAS DEUX FOIS [53] et qu'il est terrible de tomber coupable et impuni dans les mains ou sous la justice du Dieu vivant » (pp. 64-65).

Ah ! que d'enseignements à tirer de ce livre ! que de détails instructifs et inédits sur les hommes, les causes occultes de la grande Révolution... Hélas ! il faut nous borner. Déjà trop dense, ce chapitre sort de son cadre normal. Passons donc au dénouement. Écoutons la fin du réquisitoire de Réal, accusateur public :

---

[53] *Non bis in idem!* Pauvre Cazotte ! Ce principe incontestable sera pour une fois contesté, lors de son procès, et il lui en coûtera la vie !

« ...Et vous, dit-il à l'accusé, pourquoi faut-il que j'aie à vous trouver coupable, après soixante-douze années de vertus ? Pourquoi faut-il que les deux qui les ont suivies aient été employées à méditer des projets d'autant plus criminels, qu'ils tendoient à rétablir le despotisme et la tyrannie ? Pourquoi faut-il que vous ayez conspiré contre la liberté de votre pays ? Il ne suffit pas d'avoir été bon fils, bon époux et bon père, il faut, sur toute chose, être bon citoyen... » Et plus loin : « Il ne pouvoit s'excuser par un défaut d'ignorance, lui philosophe et INITIÉ ; lui qui, dans les glaces de la vieillesse, a conservé les feux d'une jeunesse bouillante et éclairée... (p. 173-174). »

À la suite du plaidoyer de Julienne, Lavau, président du Tribunal révolutionnaire, assisté des citoyens Dubail, Jaillant et Naulin, juges, lit la sentence de mort.

Après le prononcé du susdit jugement, le président a adressé au condamné le discours suivant[54] : « Foible jouet de la vieillesse, victime infortunée des préjugés d'une vie passée dans l'esclavage ! Toi dont le cœur ne fut pas assez grand pour sentir le prix d'une liberté sainte, mais qui as prouvé, par ta sécurité dans les débats, que tu savois sacrifier jusqu'à ton existence pour le soutien de ton opinion, écoute les dernières paroles de tes juges ! Puissent-elles verser dans ton âme le baume précieux des consolations ! Puissent-elles, en te déterminant À PLAINDRE LE SORT DE CEUX QUI

---

[54] Cette allocution est de telle nature et de telle portée que je ne me crois pas le droit d'en supprimer un seul mot. Je la transcris *in extenso* (pp. 178-181).

viennent de te condamner, t'inspirer cette stoïcité qui doit présider à tes derniers instants, et te pénétrer du respect que la loi nous a inspiré à nous-mêmes !...

« tes pairs t'ont entendu, tes pairs t'ont condamné ; mais au moins leur jugement fut pur comme leur conscience ; au moins aucun intérêt personnel ne vint troubler leur décision par le souvenir déchirant du remords. Va, reprends ton courage, rassemble tes forces, envisage sans crainte le trépas ; songe qu'il n'a pas le droit de t'étonner : ce n'est pas un instant qui doive effrayer un homme tel que toi !

« Mais avant de te séparer de la vie, avant de payer à la loi le tribut de tes conspirations, regarde l'attitude imposante de la France, dans le sein de laquelle tu ne craignois pas d'appeler à grands cris l'ennemi... que dis-je ?... l'esclave salarié ! Vois ton ancienne patrie opposer aux attaques de ses vils détracteurs autant de courage que tu lui as supposé de lâcheté. Si la loi eût pu prévoir qu'elle auroit à prononcer contre un coupable tel que toi, par considération pour tes vieux ans, elle ne t'eut pas imposé d'autre peine ; mais rassure-toi, si elle est sévère quand elle poursuit, quand elle a prononcé le glaive tombe de ses mains. Elle gémit sur la perte même de ceux qui vouloient la déchirer. Ce qu'elle fait pour les coupables en général, elle le fait tout particulièrement pour toi. Regarde la verser des larmes sur ces cheveux blancs, qu'elle a cru devoir respecter jusqu'au moment de ta condamnation ; que ce spectacle porte en toi le repentir ; qu'il t'engage, vieillard malheureux, à profiter du moment qui te sépare encore de la mort, pour effacer jusqu'aux moindres traces de tes complots, par un regret justement senti[55].

« Encore un mot. Tu fus homme, chrétien, philosophe, INITIÉ ; sache mourir en homme, sache mourir en chrétien ; c'est tout ce que ton pays peut encore attendre de toi ! »

L'auteur de la brochure poursuit : « Ce discours, qui frappa de stupeur une partie de l'auditoire, ne fit aucune impression sur Jacques Cazotte. À ces mots : va, reprends ton courage, rassemble tes forces, envisage sans crainte le trépas, songe qu'il n'a pas le droit de t'étonner, ce n'est pas un instant qui doive effrayer un homme tel que toi, il leva les mains et secoua la tête en levant les yeux au ciel avec un visage serein et décidé. Conduit au cabinet criminel, il dit à ceux qui l'entouroient qu'il ne regrettoit que sa fille... L'exécution dudit jugement a eu lieu sur la place du Carrousel, vers les sept heures du soir : le condamné a montré le long de la route et jusque sur l'échafaud une présence d'esprit et un sang-froid admirables (p. 178-185, *passim*). »

J'ignore quelle impression est restée au lecteur de ce procès et de cette sentence ; mais je lui proteste qu'il vient d'assister à un drame solennel et formidable : il a senti, sans nul doute, ce qu'il y a là de plus qu'un simple procès criminel... Je craindrais de dénaturer son émotion, en y mêlant l'expression de

---

[55] Ici, le fanatisme du Néo-templier touche au sublime de l'attendrissement ! C'est le sectaire qui voudrait convertir son ennemi avant de le tuer !

la mienne. Je terminerai par quelques nobles paroles d'Éliphas :

« La Révolution, même au tribunal, était une guerre civile, et les frères se saluaient avant de se donner la mort. C'est que, des deux côtés, il y avait des convictions sincères, et par conséquent respectables. Celui qui meurt pour ce qu'il croit la vérité est un héros, même lorsqu'il se trompe, et les anarchistes de la montagne sanglante ne furent pas seulement hardis pour envoyer les autres à l'échafaud : ils y montèrent eux-mêmes sans pâlir. — Que Dieu et la postérité soient leurs juges [56] ! »

---

[56] *Hist. de la Magie,* **page 440.**